Hermann Hesse
Stunden im Garten   Der lahme Knabe
Zwei Idyllen
Zeichnungen, Aquarelle, Nachwort
von Gunter Böhmer

Erschienen im Insel Verlag

*Meiner Schwester Adele zum sechzigsten Geburtstag*

# Stunden im Garten

Morgens so gegen die sieben verlaß ich die Stube und trete
Erst auf die lichte Terrasse, dort brennt die Sonne schon wacker
Zwischen den Schatten vom Feigenbaum, die rauhe granitne
Brüstung fühlt sich schon warm an. Hier liegt und wartet mein Werkzeug,
Jedes Stück mir vertraut und befreundet: der runde Korb für das Unkraut,
Die Zappetta, das Häckchen mit kurzem Stiel (zwischen Holze und Eisen
Hab ich ein Streifchen Schuhleder gefügt, dem Rat eines alten
Klugen Tessiners folgend, auch halt ich im Feuchten verwahrt es,
Daß es nicht klaffe und stets bereit sei, man braucht es ja immer).
Auch ein Rechen steht hier und zu Zeiten Hacke und Spaten,
Gießkannen zwei, gefüllt mit sonnegewärmtem Wasser.

Korb und Häckchen nehm ich zur Hand und trete, der Sonne entgegen,
Meinen Morgenweg an, an den schon verblühten und matten
Rosen vorüber und meinem Blumenwald bei der Treppe,
Wo um die Kletterrose, die am Granit sich emporrankt,
Vielerlei Blumen und Kräuter sich ineinander verwirren,
Gladiolen viele, und Frauenherz, echter Jasmin auch,
Natalinas Gabe, Arabis und Sonnenblumen, die sind hier
Zwar vom Winde gefährdet, ich muß bei jedem Gewitter,
Jedem Föhntag zittern um sie, und pflanzte sie dennoch,
Weil sie mir lieb sind und ich ihnen hier am öftsten begegne.
Bis ins vergangene Jahr stand hier auch, Fremdling im Grünen,
Ein gewaltiger Kaktus der Treppe nah, von der Größe
Eines zehnjährigen Knaben vielleicht; durch mehrere Jahre
Hielt er sich gut und wuchs stark und hielt mit bewaffneten Händen

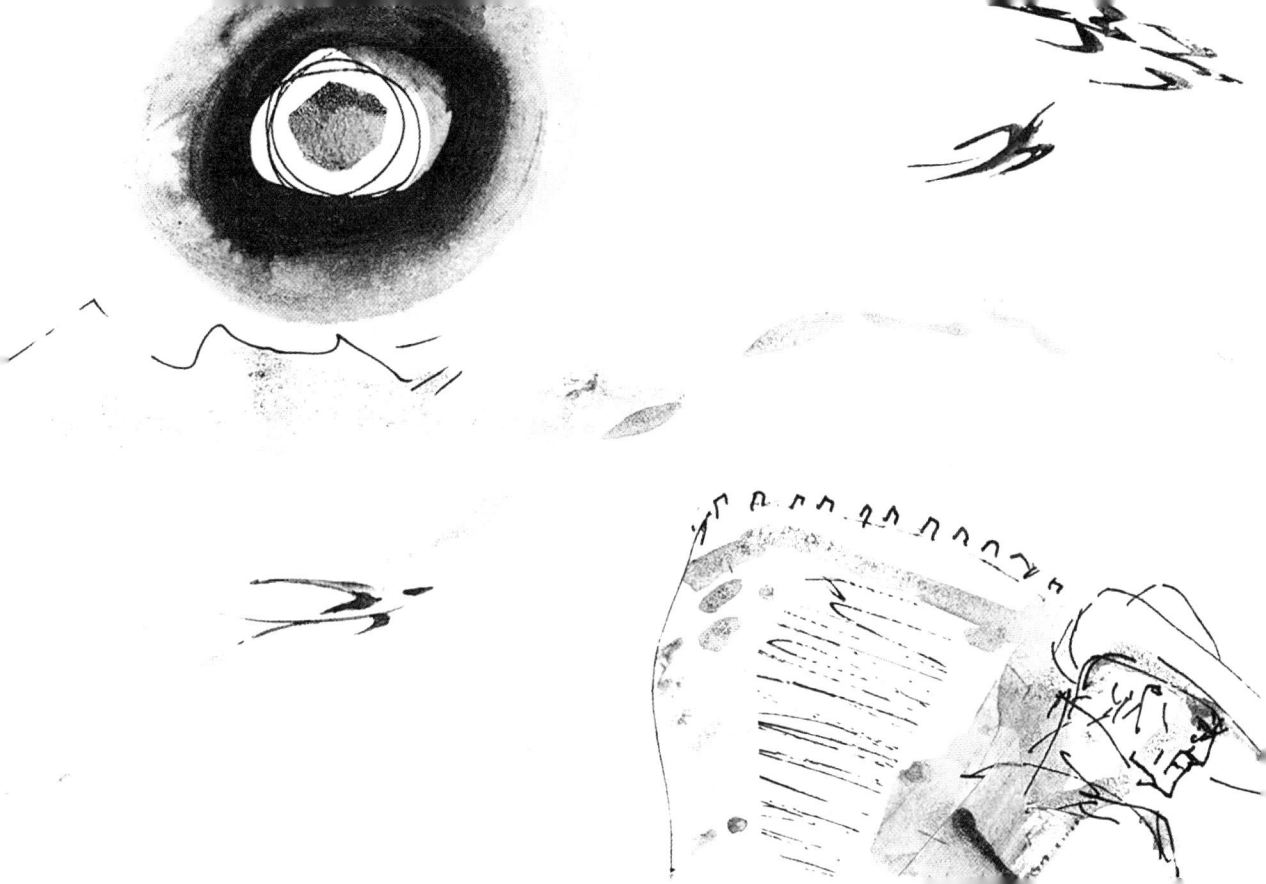

Jegliche Nachbarschaft sich vom Leibe, nur unten am Fuße
Siedelte sich, wer weiß woher, ein bräunlicher, zwerghafter Klee an,
Den er duldete und mit ihm Kameradschaft zu haben
Sichtlich zufrieden war. Doch vorm Jahr im schneereichen Winter
Knickte die Schneelast ihm mehrere fleischige Zweige, und langsam
Drang von den Wunden her die Fäulnis fressend ins Innre.
Heut füllen kleinere Kräuter die traurige Lücke, und dort wo
Jener Fremdling einst wurzelte, pflanzt ich versuchsweis
Eine Akelei ein und hoffe, daß ihr der Ort nicht
Allzu sonnenreich sei, da ja ihre Heimat der Wald ist.
Nickend geh ich vorbei, doch schon nach wenigen Schritten
Auf dem Kiesplatz vorm Haus noch muß ich mich bücken, es grünen
Zwei, drei junge Kräutchen im Kies und es liegen, schon gilbend,
Frühgefallene Blätter von Feige und Maulbeer, die ich entferne,

Denn so will's das Gefühl: man halte so sauber den Garten
Wie es nur eben gehn will, doch doppelt sauber ums Haus her,
Wo im Kiesplatz, im Rosenbeet und im Buchsbaum das Haus sich
Fortsetzt, und erst vom Buchs an der Garten richtig beginnet.

Durch die Reben den Grashang hinab, den Strohhut tief in der Stirne,
Steig ich die schöngelegten Steinstufen, Abhang um Abhang.
Schon ist verschwunden das Haus, ich seh den beschnittenen Buchsbaum
Starr in den glühenden Himmel ragen, es nimmt mich der Garten,
Nimmt mich der steile Rebenhang auf, und schon sind die Gedanken
Weg vom Hause, vom Frühstück, den Büchern, der Post und der Zeitung.
Einen Augenblick noch verlockt das Fernblau die Augen
Freundlich zum Blick ins Gebirg und über den gleißenden See hin,
Wo am Morgen die Berge so zart gestuft gegen's Licht stehn,

Welche dann, wie die Sonne dem Scheitel des Himmels sich nähert,
Fester, massiger, wirklicher werden und gegen den Abend
Warm bestrahlt sich erschließen und bunt in täuschender Nähe
Ihre Felsen und Wälder und Dörfer herzeigen im Goldlicht.
Jetzt am Morgen sind nur die großen Linien der Grate
Sichtbar und Gipfel, blaugrau die vordern, die hintern aufhellend
Immer lichter und dünner und silberner: aber die Augen
Wenden sich bald von dem blendenden Blick in den Ost und beginnen
Alsbald ihr Tagwerk am Boden, des Gartens Herren und Wächter.
Hier erspähn sie im Erdbeergeschoß das junge Geranke,
Da und dort auch dazwischen ein Unkraut, nah schon am Blühen,
Das man am besten sogleich wegnimmt, eh es Zeit hat, die Blüte
Auszubilden und rings zu verstreun den unzähligen Samen.
Auch der Fußweg, der schmale, im Zickzack dem Berg eingeschnitten,

Fordert zuweilen Beachtung, weckt Sorgen oder macht Freude,
Je nachdem er sich hielt im letzten Regenguß: ob er
Brävlich die Wasser entließ ins Gras durch die seitlichen Rinnen,
Oder ob er — auch dies erlebt ich des öftern — vor Schrecken,
Einem Gewitterguß die gefährdeten Böschungen preisgab,
Daß Gerölle und Sand im Grase sich stauen, indessen
Tief das Weglein gespalten aufklafft in schartigen Rissen.
Hier in den schmalen Nebenterrassen ist außer dem Weinstock
Wenig gepflanzt, es ist zu steil und zu weit weg vom Wasser
Oder zu sehr von den Reben verschattet; immerhin sucht man
Auch diesem schwierigen Land noch abzugewinnen ein Kleines:
Niedere Bohnen etwa, Erdbeeren, auch Kohl oder Erbsen.
Hier auch hat, auf der besten und breitesten Terrasse, ihr Pflanzland
Natalina, die hochverdiente, die viele Jahre mir treu war,

Seit sie im Ruhestand lebt und nicht mehr die Küche verwaltet.
Und sie besorgt es treulich, im blechernen Kesselchen schleppt sie
Mist von Kaninchen herbei und Asche, den Boden zu düngen.
Aber da, wo der Weg jeweils den Beeten sich nähert,
Haben wir jedes Jahr ein paar Blumen stehen, denn täglich
Geht man den Weg ja, den steilen, gar oft, und wenn auch die Bohnen,
Wenn auch Erbsen und Kohl vielleicht schon braun und versengt stehn,
Immer bekommen doch noch die paar Blumen am Rande ihr Wasser,
Zinnien, rotviolett, oder Löwenmaul und Kapuziner.
Ihnen vorbei, deren Frische den lechzenden Abhang erheitert,
Steig ich vollends zum Stalle hinab; er ist zwar kein Stall mehr,
War es jedoch voreinstmals und heißt noch so. Seine Tiefe,
Selten geöffnet, birgt Kisten und Flaschen und manches Gerümpel,
Drüber im luftigen Bodenraum lagert der Vorrat an Holze,

Brennholz sowohl für den Ofen wie Stangen und Pfähle. Ein Schuppen
Nebenan Obdach gewähret dem mancherlei Werkzeug Lorenzos,
Der die Reben besorgt, sie schneidet und bindet im Frühling
Und im Sommer sie spritzt und schwefelt, im Spätherbst aber und Winter
Ihnen den Kuhmist zuträgt, den sie verlangen. Der Stall ist
Treffpunkt und Mitte des Gartens. Hier dehnt sich ein Stück weit
Ebener Boden, ein seltenes Gut in so steilem Gelände,
Wo jedem Baum, jeder Rebe der Standort nur künstlich und listig
In Terrassen dem Hang abgeschmeichelt wird. Hier aber liegt uns,
Klein zwar und schmal, ein Riemen, doch immerhin: ebenen Grundes
Ein willkommenes Stück; hier ziehn wir unsre Gemüse,
Hier verbringen wir, Mann wie Weib, einen Teil unsrer Tage,
Weit vom Hause, verborgen im Grün, und wir lieben dies Pflanzland
Sehr, denn wahrlich es ist hier an Wert und Vorteil nicht wenig

Angehäuft, das der Fremde (man würdigt des Anblicks nicht jeden)
Kaum erkennt, aber uns ist's bekannt und wir schätzen es dankbar.
Zwar an Pracht und Bedeutung ist diese Terrasse beim Stalle
Nicht jener obersten gleich, wo das Haus prangt, wo herrlich die Aussicht
In die Weite des Seetals reicht und nach Norden ins hohe Gebirge,
Wo die Rosen stehn und der Buchs den Platz umsäumt, wo die Gäste
Rühmend die Lage des Hauses besprechen und wissen wollen, wie dieser
Gipfel genannt wird und jener . . . Nein, hier beim Stalle ist's anders,
Hier, Freund, schwebst du nicht hoch, ein Herr über Seetal und Ferne,
Blickst nicht »beinah bis Porlezza« und lauschst dem Entzücken der Gäste,
Hier ist bäurisches Land, wo statt Palastes der Stall steht,
Dessen östliche Wand, von Rose und Rebe bewachsen,
Auch eine köstliche Birne beschirmt, sie reift im Oktober.
Zu ihren Füßen lachen verstreut ein paar Blumen auch; häufig

Sonnt sich hier die Smaragdeidechse und bläht ihren blauen
Pfauhals wollüstig im Licht. Daneben, der Südwand des Stalles
Angeschmiegt, lagert der alte Kompost vom vorvorigen Jahre,
Dunkle, lockere Erde, ein Schatz, und um ihn zu schmücken,
Hab ich alljährlich auf ihm ein paar Sonnenblumen. Sie neigen
Schwer überm windgebogenen Stamm die Häupter, sie nähren
Sich von der köstlichen Erde und nähren sie wieder, verwesend,
Wenn sie im Herbst, von den Vögeln entsamt und geknickt von den Stürmen,
Ihre einst geilen und gierigen Leiber so müd und ergeben
Senken, der wartenden Erde und neuem Kreislauf entgegen.
Wunderlich ist's mit Gewächsen und Blumen, welchen bestimmt ist,
Innerhalb eines einzigen Jahres, ja weniger Monde,
Alle Stufen des Lebens zu gehen vom Keim bis zum Tode!
Frühlings betrachten wir sie, wie man Kinder betrachtet, belustigt

Schaun wir ihr hastiges Wachsen, die dümmlichen Blumengesichter,
Rührend und drollig, unschuldig zugleich und gierig — und plötzlich
Eines Tages im späteren Sommer erscheint uns dieselbe
Blume, die uns noch eben ein Kind schien, rätselhaft anders,
Scheint uns geheimnisbeladen, uralt und müde, und dennoch
Lächelt sie, wunderbar reif, überlegen, ein mahnendes Vorbild.
Hier also leuchten die goldenen Häupter der Sonnenblumen, auch weiter
Jenseits des Weges im Garten erhebt sich aus der Gemüse
Niederem Wuchs noch manche, wie sie der Zufall gesät hat,
Alle konnten nicht bleiben, doch füttert und schont man sie gern ja.
Doch zuvörderst nun achte des Schatzes, den hier wir besitzen:
Neben dem Stalle am Weg, dem reinlichen, steinebestreuten,
Öffnet sich unter dem hölzernen Deckel ein weiter und tiefer
Wasserbehälter, gespeist aus einer benachbarten Quelle,

Welche auch, nahe dem Wald, die Weiden tränkt und des Nußbaums
Fuß befeuchtet. Das Volk von Montagnola will wissen,
Unser Quell sei besonderer Art, kalt nämlich im Sommer,
Aber des Winters lauwarm, dem Gras und den Menschen ein Labsal.
Diesen Wasserbehälter, durch Röhren der Quelle verbunden,
Haben, nächst einem zweiten, entfernteren, wir erst errichtet,
Während in früherer Zeit der Quell im grasigen Abhang
Beinah nutzlos zerrann. Jetzt können wir, fordert's die Hitze,
Hundert und mehr Gießkannen voll sanft erwärmten, gestandnen
Wassers schöpfen und reichlich dem dürstenden Pflanzenvolk spenden.
Auch das Gemüseland hier, das ebne, ist beidseits von Reben
Eingefaßt, doch ich plane, die eine Reih, die nach Südosten
Allzuviel Sonne wegnimmt, allmählich eingehn zu lassen.
Heiter liegen gereiht, von Rebe und Pfirsich beschattet,

Eins am andern die Beete. Zwar sind von diesen Gemüsen
Nahezu alle gesät und betreut von der Frau, doch zuweilen
Seh ich auch hier ein wenig zum Rechten. Denn groß ist die Arbeit,
Und es hat eine Hausfrau auch außer dem Garten viel Pflichten,
Küche nimmt sie und Wäsche in Anspruch, es kommen Besuche,
Kommen geladene Gäste, oft ist's ein ermüdendes Tagwerk.
Forschend durchwandert mein Blick die stattliche Reihe der Beete;
Wahrlich, sie stehen nicht schlecht, auch eine geborne Bäurin
Oder Gärtnersfrau hielte sie besser kaum. Wie die Karotten
Saftig stehen und sauber! Ich schätze beim Essen sie wenig,
Aber im Garten möcht ich sie niemals missen, es wehen
Ihre laubigen Büschel so weich und duften so kernig.
Und es ernährt sich auf ihnen die grüne Raupe des edlen
Schwalbenschwanzfalters, sein Flug entzückt uns oft im Gelände,

Und es mahnt mich der Duft des Karottenlaubes der Kindheit,
Da ich in manchem Sommer mit ihm meine Raupen gefüttert,
Selber mit kräftigen Zähnen die rote Rübe zerkrachend.
Ferne Jugend! Auch du wehst aus den Freuden des Gartens
In die herbstlichen Jahre mir sehnlich herüber und rührest
Oft so mahnend und herb und süß ans alternde Herz mir.
Da und dort entdeck ich ein Gras, ein fettes, das heimlich
Sich im Schatten der dichten Karotten gemästet und hochwuchs.
Tastend greif ich durchs Laub nach seiner schmarotzenden Wurzel,
Ziehe sie aus und werfe erbarmungslos in den Korb sie.
Hier ist der Petersilie Feld: Prezzemolo heißt sie
Hierzuland. Aber im Winter, wenn all die hier grünenden Beete
Tot und verschwunden und kalt vom Schnee des Dezembers bedeckt sind
Und der Pflanzen beraubt, dann steht der Prezzemolo einzig

Noch, der treue, und grünet, es schützt ihn ein Dach, das Lorenzo
Ihm aus Stangen erbaut und mit Reisig und Spargelkraut zudeckt.
Erst in diesem Jahre, nach mancher Erwägung und Sorge,
Haben wir dieses Gemüsland an zweien Stellen vergrößert,
Haben der Wiese ein paar Schritt Breite entzogen, Lorenzo
Spatete um und warf durchs Sieb die steinige Erde
Manchen Tagen, es war noch halb Winter, und grub den nährenden Mist ein.
Eine der neuen Provinzen — Tomaten stehn dort — besuch ich
Nun zu nötiger Arbeit, ich möchte früh sie verrichten,
Eh der Feigenbaumschatten der steigenden Sonne muß weichen.
Schön in geraden Reihen, in fünfen, stehn meine Tomaten
(Meine, sag ich, denn ich bin's, der sie gepflanzt hat und hütet,
So wie andre Gemüse der Frau unterstehn und das Dasein verdanken)
Nahezu schon zu voller Höhe erwachsen, sie stehen

Saftig und strotzend im Laub, ich kann das Geheimnis verraten:
Jegliche Wurzel umgab ich mit feuchtem, lockerem Torfmull,
Dem ich ein Gran Kunstdünger beimischte. Probiert's! Es bewährt sich.
Saftig, sage ich, stehn sie im Laub, aus den knotigen Stielen
Sprießen unbändig nach allen Seiten die Blätter, und unter den Blättern
Da und dorten verbergen im grünen Dunkel die grünen
Jungen Früchte sich schwellend zu zweien und dreien: bald werden
Hochrot sie leuchten im Laub, des Sommers Erfüllung. Heut aber
Gilt nicht den Früchten mein Blick, er gilt vor allem den Stäben,
Welche den Pflanzen zur Stütze dienen. Sie stammen
Sämtlich vom nahen Walde, Kastanienstämmchen die meisten,
Doch auch Robinien sind darunter und einige Stämmchen von Eschen,
Mannshoch und wenig darüber, und mancher Stab ist an Höhe
Schon von der Pflanze erreicht. Denn es gibt, wie unter den Menschen

Immer auch unter den Pflanzen ein paar von besonderer Stärke,
Gierig im Wachstum und frech und rücksichtslos gegen die Nachbarn,
Welche man bald, ihrer Größe wegen und Stärke, bewundert,
Bald auch in ihrem durch nichts zu stillenden Ehrgeiz belächelt.
Sorglich prüf ich die Stäbe, daß jeglicher fest und gerad steh,
Prüfe dann Busch um Busch die Pflanzen, das Messer in Händen,
Denn es gilt zu beschneiden das wilde Wachstum, nicht mehr als
Zwei, drei Zweige belasse ich jeder, die andern entfern ich,
Und von den zahllosen Trieben, die aus den Achseln der Blätter
Überall geil aufsprießen, laß ich bloß wenige stehen,
Denn es neigt dieses üppige Kraut triebhaft zur Vergeudung.
Schnüre sodann entnehm ich der Tasche und binde die obern
Zweige sanft an die Stäbe, da haltlos sie sind in sich selber,
Und sie wachsen so schnell, daß aller fünf Tage es nottut,

Neu sie zu binden, stets trag ich die Tasche gestopft voll mit Schnüren.
Andere machen's mit Bast, es ist auch hübscher für's Auge,
Mir aber war an Schnur niemals Mangel, die Bücherverleger
Senden mir täglich Pakete ins Haus, deren Schnüre ich sammle.
Während ich so den Tomaten aufwarte von Reihe zu Reihe,
Rückt der Vormittag vor und es sind entschwunden die Schatten,
Schwül entdampft es dem Boden und bitter duftet das Blattwerk,
Das im Korb neben mir, kaum abgeschnitten, schon hinwelkt,
Und die Sonne beginnt mehr als erträglich zu stechen.
So verzieh ich mich denn, noch vor vollendeter Arbeit,
Aus dem glüh'nden Bezirk, nach Schatten begierig. Den find ich
Nahe dem Stall unter Maulbeerbäumen. Hier schütt ich den Korb aus
Auf einen Unkrautberg, der da seit langem sich anhäuft
Und in Erde zurück die zerstörten Gestaltungen wandelt.

Wohlgeschützt und verborgen ist dieser Ort unter Maulbeern,
Die mit dem festen, großblättrigen Laub ihn immer beschatten,
Auch ein Pfirsichbäumchen steht da, ich pflanzte es selber,
Band es am Pfahl und erhoffe noch manche Frucht seiner Zweige.
Unterhalb läuft die Weißdornhecke, die Grenze des Grundstücks,
Etwas tiefer ein Feldweg, zwar wenig begangen, doch manchmal
Hock ich im Grase hier oder stehe, und unter mir gehen die Leute,
Wähnen allein sich und ohne Zeugen, denn niemand vermöchte
Mich zu erspähn, und sie reden vertraulich, etwa zwei Weiber,
Welche zum Reisigsammeln den Wald nach stürmischen Nächten
Früh aufsuchen, sie gehn in den schweren bäurischen Schuhen
Langsam vorüber, den Tragkorb am Rücken, bleiben oft stehen,
Schwatzen, lachen und klagen, erzählen dieses und jenes.
Vieles vernehm ich genau, die übrige Rede geht mählich

Gegen's Gehölz hin verloren, bis nur noch das trockene Knacken
Der gebrochenen Äste herübertönt. Manchmal auch hör ich,
Und ich sag es nicht weiter, gedämpfte Hiebe des Gertels
In lebendiges Holz: da macht sich, tückisch bewaffnet,
Eine die Morgenstille zunutze und haut verbotenerweise
Diesen und jenen Ast und vielleicht auch ein Stämmlein, ein junges,
Ihren Vorrat zu mehren ... Dich preise ich, grünes Versteck du,
Unkrautgebirge im Schatten der Bäume, freundliche Zuflucht
Mancher Stunde, wenn ringsum die Sommerhitze sich austobt
Und auch die Vögel des Waldes verstummt sind, oder vom Zimmer
Mich ein Unmut vertrieb oder Leid, ein Mißglücken der Arbeit,
Eines bösen Menschen gehässiger Brief, ein Versagen des Mutes.
Oh, und immer hast du gleich heiter und gut mich empfangen,
Oft mich Stunden beherbergt vollkommener, göttlicher Stille,

Kaum, daß etwa vom Wald ein Specht war zu hören. Ich danke
Manchen Traum und Gedanken dir, mancherlei, Glück der Versenkung.
Manchmal, wenn ich hier weile, halb müßig, halb fleißig, kommt lautlos
Durch die Dschungel des Garten und Weinbergs Löwe gegangen,
Unser Kater, mein Freund, mein Brüderchen. Zärtlich miaut er,
Reibt den gesenkten Kopf an mir, blickt flehend, und wirft sich
Mit gelösten Gliedern zu Boden, zeigt Bauch mir und Kehle,
Die er stets schneeweiß trägt, und fordert zum Spielen heraus mich.
Öfter auch springt er, genauestens zielend, mir rasch auf die Schultern,
Schmiegt sich an und verweilt, sanft schnurrend, bis er genug hat.
Andere Male grüßt er nur kurz im stillen Vorbeischlich,
Ist gedankenvoll, hat im Walde zu tun, und verschwindet
Mit dem vornehmen Gang, der Siamesin Sohn, unser Löwe.
Ihm lebt auch noch ein Bruder, ein ehmals unendlich geliebter,

Tiger genannt, der an Kehle und Bauch von gelblichem Braun ist,
Aber die zärtlichen einst, die unzertrennlichen Brüder,
Einer Schüssel und eines Lagers Genossen vor Zeiten,
Leben in bittrer Feindschaft heut, seit mit dem Hinwelken der Kindheit
Männerleidenschaft sie und Männereifersucht trennte.

Jetzt auch flücht ich hierher, den Nacken glüh'nd von der Sonne,
Müde im Rücken, die Augen verwelkt, und will bis zum Mittag
Hier bei spielerisch mühlosem Tun mich erholen und weilen.
Vorher hol ich im Schuppen ein kleines handliches Rundsieb,
Hole auch Feuerzeug und Papiers eine Handvoll, denn selten
Halt ich an diesem Orte mich auf, ohne Feuer zu zünden.
Mancherlei Herkunft und Wurzel hat wohl diese Neigung zum Feuern,
Von der knäbischen Lust an Zündeln bis rückwärts zum Opfer

Abels oder des Abraham, denn jede Gewohnheit, sei's Tugend,
Sei es Laster, ist ja bis tief in die Vorwelt verwurzelt,
Hat aber jedem Einzelnen ihren besonderen Sinn doch.
Mir zum Beispiel bedeutet das Feuer (nebst Vielem, das es bedeutet)
Auch einen chymisch-symbolischen Kult im Dienste der Gottheit,
Heißt mir Rückverwandlung der Vielfalt ins Eine, und ich bin
Priester dabei und Diener, vollziehe und werde vollzogen,
Wandle das Holz und Kraut zu Asche, helfe dem Toten
Rascher entwerden und sich entsühnen, und geh in mir selber
Oftmals dabei meditierend dieselben sühnenden Schritte
Rückwärts vom Vielen ins Eine, der Gottesbetrachtung ergeben.
So vollzog Alchymie die Prozesse und Opfer des Läuterns
Einst am Metall überm Feuer, erhitzte es, ließ es erkalten,
Gab Chemikalien zu und harrte auf Neumond und Vollmond,

Und indes am Metall sich vollzog die göttliche Wandlung,
Die es zum edelsten Gute, zum Stein der Weisen veredelt,
Tat der fromme Adept im eigenen Herzen dasselbe,
Sublimierte und läuterte sich, vollzog die Prozesse
Chemischer Wandlung in sich, meditierend, wachend und fastend,
Bis zum Ende der Übung, nach Tagen oder nach Wochen,
Gleich dem Metalle im Tiegel auch seine Seele entgiftet,
Seine Sinne geläutert und er bereit war zur mystischen Einung.
Nun, ich sehe euch lächeln, o Freunde, und wohl mögt ihr lächeln,
Daß mein Kauern und Schüren am Boden, mein Zündeln und Köhlern,
Meine kindliche Lust am einsamen Träumen und Brüten
So sich mit Gleichnissen schmücke, ja brüste. Indessen, ihr Lieben,
Wisset ihr, wie es gemeint ist, und wie ich ja all mein Dichten verstehe,
Als Beschönigung nicht, als Bekenntnis nur, und ihr duldet

Also mein Phantasieren ... Ich kauere also im Schatten
Zwischen dem Unkrautberg und der Hecke, reibe das Zündholz,
Lasse Papier aufflammen und leg ein paar Halme und Blätter
Lose darüber, dann mehr, erst Trocknes nur, schließlich auch Grünes,
Später, im Herbste, lieb ich das offne, flammende Feuer,
Jetzt aber, wegen der Wärme und auch aus Mangel an Holze
(Welches dann später die Stürme der Äquinoktien liefern),
Streb ich danach, ein bedecktes, ein still in sich glosendes Feuer,
Einen ruhig rauchenden Meiler zu pflegen, der halbe
Oder auch ganze Tage leis fortglimmt. Drum nennt mich auch »Köhler«
Oft meine Gattin, des Rauchgeruchs wegen und wohl auch
Meiner Neigung wegen zum Glauben, sie teilet ihn selber
Nicht und duldet ihn doch an mir, und mit mehr als
Bloßer Geduld, ich will ihrer dafür im Rauchopfer gedenken,

Die heut außer dem Haus weilt, im Tal, in der Stadt, in Lugano.
Noch einen Köhlerglauben, noch einen von vielen, bekenn ich:
Daß ich vom Erdebrennen viel halte; man übt es, so scheint mir,
Heute nicht mehr, die Chemie hat andere Mittel gefunden,
Erde zu bessern, zu läutern, zu fetten oder entsäuern,
Auch hat niemand mehr Zeit in unseren Tagen, zu sitzen
Und sich Erden zu brennen am Feuer — wer zahlte den Taglohn?
Ich aber bin ein Dichter und zahl es mit mancher Entbehrung,
Manchem Opfer vielleicht, dafür hat Gott mir gestattet,
Nicht bloß in unseren Tagen zu leben, sondern der Zeit mich
Oft zu entschlagen und zeitlos zu atmen im Raume, einst galt das
Viel und wurde Entrückung genannt oder göttlicher Wahnsinn.
Heute gilt es nichts mehr, weil heute so kostbar die Zeit scheint,
Zeitverachtung aber ein Laster sei. »Introversion« heißt

Bei den Spezialisten der Zustand, von dem ich hier spreche,
Und bezeichnet das Tun eines Schwächlings, der sich den Pflichten
Seines Lebens entzieht und im Selbstgenuß seiner Träume
Sich verliert und verspielt und den kein Erwachsener ernst nimmt.
Nun, so werden von Menschen und Zeiten die Güter verschieden
Eingeschätzt, und es sei mit dem Seinen ein jeder zufrieden.
Aber zurück zur Erde! Ich sprach vom Brennen und Köhlern,
Das ich so gern betreibe und das heut nicht mehr modern ist.
Einstmals herrschte der Glaube, man könne durch Brennen die Erde
Heilsam erneuern und fruchtbar machen, zum Beispiel bei Stifter,
Einem Dichter, von dem ich viel halte, »brennen« die Gärtner
Sich verschiedene Erden, und so versuche auch ich es.
Aus dem Abfall, dem Grünzeug, den Wurzeln, die ich verbrenne,
Alle mit Erde gemischt, entstehet teils dunkle, teils helle,

Rötliche teils, teils graue Asche, sie lagert am Grunde
Meiner Feuerstelle, so fein wie das feinste Mehl oder Pulver.
Diese dann, peinlich gesiebt, bedeutet den Stein mir der Weisen,
Ist mir Ertrag und köstliche Frucht der verköhlerten Stunden,
Die ich in kleinem Kessel wegtrage und sparsam im Garten verteile,
Nur die geliebteren Blumen und etwa das Gärtchen der Gattin
Würdige ich eines Anteils an diesem sublimen Erträgnis
Meditativer Feuer und Opfer. Auch heute bedeck ich,
Kauernd wie ein Chinese, den Strohhut tief über den Augen,
Sorgsam die schwelende Glut abwechselnd mit Trocknem und Feuchtem,
Und es geht mir noch einmal das ganze Zeug durch die Hände,
Das ich hier angesammelt auf großem Haufen. Da liegen
Alle Arten von Kraut und Unkraut, Schmarotzer der Beete,
Liegt geschoßner Salat und Gurkengrün und dazwischen

Oft noch ein Stäbchen aus Holz mit drein geklemmtem Papierchen,
Zeichen einst, daß ein Beet in Hoffnung mit Samen bestellt sei,
Unnütz längst, überholt, so wie die Weisheit der Alten
Und der Heiligen Schrift heut überholt ist und mancher
Sie mit den Füßen tritt und belacht gleich diesem Haufen von Abfall.
Dem Besinnlichen aber, dem Müßiggänger und Träumer,
Dem Empfindsamen sind sie wertvoll, ja heilig, wie alles,
Was das Menschengemüt in Betrachtung und Denken beruhigt,
Daß es der Leidenschaften und Triebe besonnener Herr wird.
Aber auch jene Leidenschaft, jene heftige Lust muß man zähmen,
Welche die andern verbessern, die Welt erziehen, Geschichte
Aus Ideen gestalten will, denn es ist leider die Welt nun
So beschaffen, daß dieser Trieb edlerer Geister, wie alle
Andern Triebe am Ende zu Blut und Gewalttat und Krieg führt,

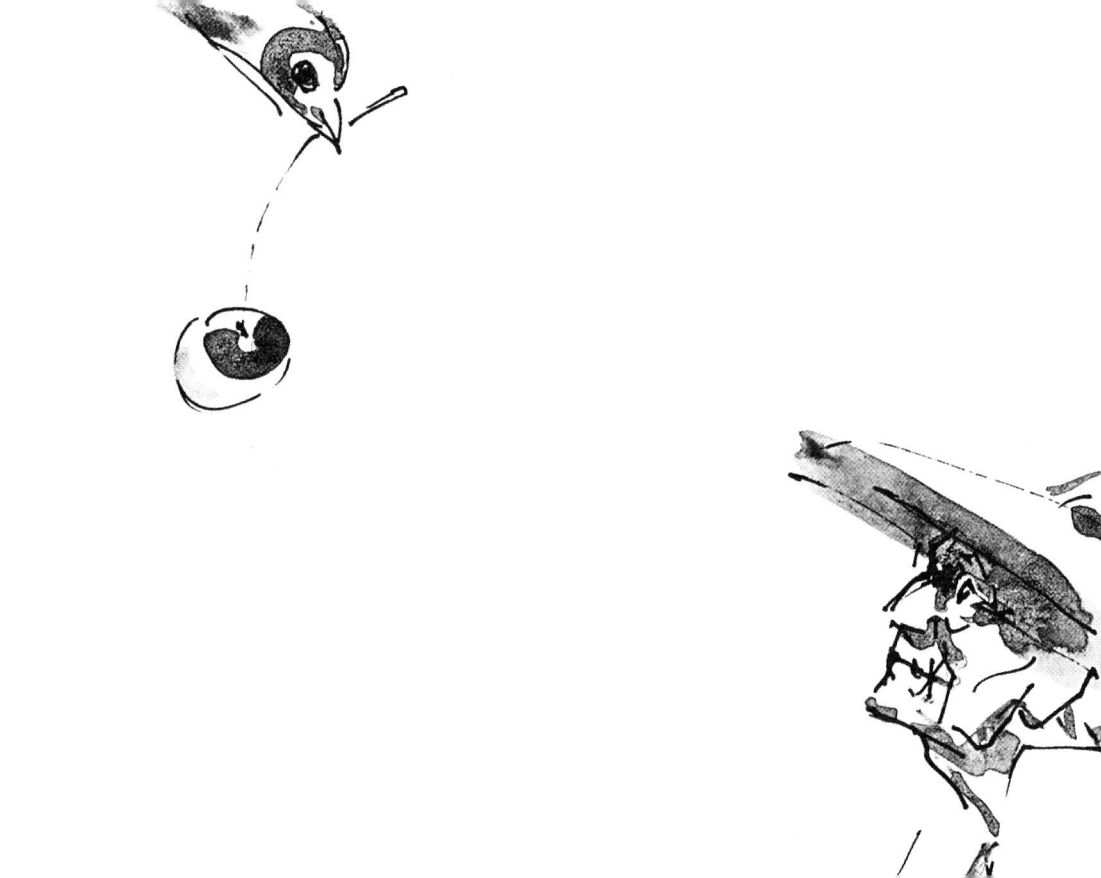

Und das Weisesein bleibt Alchymie und Spiel für die Weisen,
Während die Welt von rohern, doch heftigern Trieben regiert wird.
Also bescheiden wir uns, und setzen wir möglichst dem Weltlauf
Auch in drangvoller Zeit jene Ruhe der Seele entgegen,
Welche die Alten gerühmt und erstrebt, und tun wir das Gute.
Ohne an Ändrung der Welt gleich zu denken; auch so wird sich's lohnen.
Ringsum schweigt und lastet der heiße Mittag, kein Laut ist
In den Lüften als fern und tief auf der Straße im Tale
Etwa ein Wagenrollen und manchmal ein Knistern im Feuer,
Wenn der Brand eine Wurzel durchdörrt hat und gierig verzehrt.
Ruhend, doch nie ganz müßig, knie ich am Boden und fülle
Sanft mit den Händen das schön gerundete Sieb mit der Asche,
Die noch von früheren Feuern stammt, und mische Erde dazwischen,
Alte, warmfeuchte, vom Grund des Haufens, durchzogen

Leise von Gärung und Moder, und schüttle das lockre Gemische
Sachte, daß unter dem Siebe ein kleiner Kegel heranwächst
Feinster aschiger Erde. Und ohne zu wollen, verfall ich
So beim Schütteln in feste, einander gleichende Takte.
Aus dem Takt wiederum erschafft die nie müde Erinnrung
Eine Musik, ich summe sie mit, noch ohne mit Namen
Sie und mit Autor zu kennen, dann weiß ich es plötzlich: von Mozart
Ist's ein Quartett mit Oboe ... Und nun beginnt im Gemüt mir
Ein Gedankenspiel, dessen ich mich schon seit Jahren befleiße,
Glasperlenspiel genannt, eine hübsche Erfindung,
Deren Gerüst die Musik und deren Grund Meditation ist.
Josef Knecht ist der Meister, dem ich das Wissen um diese
Schöne Imagination verdanke. In Zeiten der Freude
Ist sie mir Spiel und Glück, in Zeiten des Leids und der Wirren

Ist sie mir Trost und Besinnung, und hier am Feuer, beim Siebe,
Spiel ich es oft, das Glasperlenspiel, wenn auch längst noch wie Knecht nicht.
Während der Kegel sich türmt und vom Siebe das Erdmehl herabrinnt,
Während mechanisch dazwischen, sobald es nötig, die Rechte
Meinen rauchenden Meiler bedient oder neu mit Erde das Sieb füllt,
Während vom Stall her die großen Blumensonnen mich anschaun
Und hinterm Rebengezweig die Ferne mittagsblau duftet,
Hör ich Musik und sehe vergangne und künftige Menschen,
Sehe Weise und Dichter und Forscher und Künstler einmütig
Bauen am hunderttorigen Dom des Geistes — ich will es
Einmal später beschreiben, noch ist der Tag nicht gekommen.
Aber er komme nun früh oder spät oder komme auch niemals,
Immer wird mich, so oft ich des Trostes bedarf, Josef Knechtens
Freundlich sinnvolles Spiel, den alten Morgenlandfahrer,

Aus den Zeiten und Zahlen entrücken zu göttlichen Brüdern,
Deren harmonischer Chor auch meine Stimme mit aufnimmt.

Horch, da weckt mich, nachdem eine Stunde, nachdem eine kleine
Ewigkeit sanft mich gewiegt, eine frische Stimme. Vom Hause
Ruft mir, von Stadt und Einkauf zurückgekommen, die Gattin,
Und ich rufe zurück und erhebe mich, lege die letzten
Hände voll roher Materie auf mein alchymisches Feuer,
Bringe das Sieb in den Schuppen und steige im blendenden Glaste
Unseren Zickzackweg bergan zum Kiesplatz und Hause,
Sie zu begrüßen und ihr für ihre bevorzugten Blumen,
Für ihren Mohn und Zwergrittersporn, eine reichliche Gabe
Dunkelster Aschenerde als Dung zu versprechen. Und gerne
Tret ich, jetzt plötzlich die Glut und die Müdigkeit fühlend, die Stufen

Vollends hinan und hinein in den kühlen Schatten des Hauses,
Wasche die Hände, und schon lädt meine Frau mich zu Tische,
Schöpft die Suppe, erzählt von der Stadt und meint, es wär' an der Zeit wohl,
Daß ich das nächste Mal sie dorthin begleite, die Haare
Hingen mir wieder so lang im Nacken, man müsse
Sie mir schneiden, ich sei ja schließlich ein Mensch und kein Waldgott.
Dann erkundigt sie sich, meine Abwehr wenig beachtend,
Nach dem Garten, und bald beschäftigt uns lebhaft die Frage,
Ob es heut abend nottue, ihn ganz oder größerenteils doch
Zu begießen (es ist dies eine Arbeit für Stunden
Und nicht die leicht'ste fürwahr) oder ob von dem neulichen Regen
Noch etwas Feuchte geblieben sei, welches wir schließlich bejahen,
Um unser Mahl mit Himbeeren, den köstlichen roten und gelben
Von der oberen Quellenterrasse zufrieden zu enden.

# Der lahme Knabe

Eine Erinnerung aus der Kindheit

Einsam steht und verloren im Bilderbuch meiner Erinnrung
Seine blasse Gestalt, die dürftige, wunderlich fremde,
Namenlose, denn selbst den Namen mißgönnt' ihm sein Schicksal;
Einen Über- und Spottnamen nur, seine Lahmheit bezeichnend,
Gab ihm die Knabenschaft, gab ihm die Stadt, einen häßlichen Namen,
Den ich nicht mag überliefern, ich suche umsonst im Gedächtnis
Seinen wirklichen Namen. Es paßt zu des Knaben Erscheinung,
Daß er so namenlos blieb, ein Zwerg, ein Albe, ein Fremdling.

Wann ich zuerst ihn sah, wann zuletzt, ich hab es vergessen,
Aus der unendlichen Bilderflut der gesegneten Kindheit
Spülte den Fremdling mir einst eine Welle heran, eine Weile
War er mir nah, Kamerad halb, halb Lehrer, begönnert und Gönner,
War einen Knabensommer, zwei Knabensommer Gefährte
Meiner liebsten Tage und Freuden, und blieb mir so fremd doch,
Daß mit dem Sommer und Herbst er hinschwand, nie mehr gesehen,
Nie mehr gesucht und begehrt, und dann plötzlich im wachsenden Frühling
Eines Tags, dem Vergessen enttaucht, wieder da war und da blieb.
Seine Gestalt zu beschwören, die in Jahrzehnten vergeßne,
Ihn noch einmal zu sehn und ihm Gruß und Dank zu entbieten,
Treibt es mich heut, und ich folge dem Wink des verborgenen Mahners,
Sinke geschlossenen Aug's in die Zeiten zurück und besinne
Aller Züge mich wieder des armen seltsamen Knaben.

Als ich ein Schüler war von zehn, elf Jahren, ein stolzer
Und begehrlicher Knabe, im Innern zwar scheu und voll Ehrfurcht,
Aber auch reizbar zugleich, zu erzürnen so leicht wie zu rühren,
Gab es im Städtchen, ein allen bekannter und trauriger Anblick,
Einen verwachsenen, hinkenden Knaben in ärmlicher Kleidung,
Der sich elend mit lahmem Beine hinschleppt', mit der Rechten
Krampfhaft auf einen Krückstock gestützt und die Linke
Stets und bei jedem Schritt auf das Knie gedrückt, seine Tritte
Klirrten in einem plump hüpfenden, mühsamen Dreitakt.
Klirrten, sag ich, denn um das lahme Bein lagen Schienen
Eng aus Eisen mit Leder geschnürt, die metallnen Gelenke
Hörte man hart sich bewegen, auch wenn das Aug die Maschine,
Unter dem weiten langen Beinkleid verborgen, nur unten
Überm dünnen Knöchel entdeckte. Ich kannte den Knaben,

Wie ein jeder ihn kannte, vom Sehen, es zwang mich die Neugier,
Halb mit Grausen gemischt, ihm oft mit den Blicken zu folgen,
Der entstellten Figur mit dem Stock, die im Gehn mit der Linken
Fest das linke Knie eindrückte, als dürfe es nimmer
Je sich biegen, und steif im Geklirr seiner Schienen enthinkte.
Mich, den Augenfrohen und Schaubegierigen, lockte
Alles Fremde, Groteske, und heimlich hatt ich nicht selten
Seine Gangart schauspielernd kopiert, bis ich Hände und Füße,
Beine, Knie und Schultern getreu wie er selbst zu bewegen,
So auch die Art des Gebrechens dumpf nachzufühlen vermochte.
Mir im Alter um ein, zwei Jahre voraus, war der Lahme
Im Gesicht so erwachsen, so alt und wissend und frühklug,
Hatte für jeden Gesunden, und so auch für mich, einen Blick von
Leise spöttischem Wissen, darin mehr Verachtung als Neid lag,

Daß meinem Mitleid für ihn eine heimliche Achtung gesellt war.

Diesen Knaben nun sah ich einstmals im Sommer alltäglich
Auf der steinernen Brücke einsam mit Angeln beschäftigt,
Manchmal umstanden von anderen oder gehänselt, es gab da
Manch überlieferten Zuruf und Witz, ich habe zum Beispiel
Hundertmal eine uralte Formel vernommen, die Warnung:
»Fang nur um Gottes willen den Alten nicht, denn sonst gibt es
Niemals Junge mehr« — und ich habe mir damals den »Alten«
Manchmal in Phantasien gemalt: einen Wels, einen Walfisch,
Ungeheuer und tausend Jahre alt, mit Moos auf dem Schädel,
Vater und König der Fische . . . Der lahme Knabe war meistens
Ganz allein, ich sah ihn mit dünnen Fingern und klugen
Griffen die Schnur auslegen, den Angelhaken mit Köder

Neu bestecken, mit Schwung auswerfen die feuchtblanke Leine
Oder sie sorgsam und leise ins Nagoldwasser versenken,
Das unterm Bogen der Brücke mit grünem Schimmer herstarrte.
Da nun auch mir ein Zug zu der Wassertiefen Geheimnis
Und zum Fischvolk und Fischfang, ich weiß nicht woher, im Geblüt lag,
Und ich selber schon öfter die kindischen ersten Versuche
Unternommen, den Fisch am Ufer mit Händen zu fangen
Oder am Faden von Garne, dem Nähzeug der Mutter entnommen,
Mit gekrümmter Stecknadel die Angel plump zu ersetzen,
Da auch ich diese Brüstung der Brücke damals nicht selten
Mir zum Jagdgebiet wählte, so ward unversehens der Lahme
Bald mir ein häufiger Nachbar und fast Kamerad, wenn auch anfangs
Der ironische Blick aus den grauen Augen, der lächelnd
Meine Garne und Haken und mich und mein Tun kritisierte,

Mir mißfiel und fatal war. Denn es war jener Lahme
Ja nicht bloß der Ältere, Erfahrne — in Dingen des Fischfangs
Und auch in andern wohl weit mir überlegen —, er war auch
Arm und elend gekleidet, Volksschüler, für den ich mit meiner
Blauen Lateinermütze ein Fremder und Spott war, ein Affe,
Herrensöhnchen und Feind, ich hatte das häufig erfahren,
Und obwohl meiner Eltern Leben bescheiden, mein Anzug
Häufig gestopft und das Schuhwerk mit manchen Flicken bedeckt war,
Kannte ich doch aus bittren Erlebnissen alle die Klüfte,
Alle die Gegnerschaften und bösen Schimpfworte, die zwischen
Jener Kaste und meiner beständig gefährliche Spannung
Aufrechterhielten, Bereitschaft zu Krieg, zu Angriff und Rache.
Dieser Lahme jedoch, trotz seiner ironischen Blicke,
Dachte an keinerlei Feindschaft, er war ja zum Kampf auch nicht tauglich.

Einmal kam ich vorüber, da zog er gerade an seiner
Straff gespannten Leine gewandt einen Fisch in die Höhe,
Blinzelte mir, der ich neugierig stehnblieb, listig und freundlich
Einen Augenblick zu aus schmalem Augenspalt, löste
Sanft das Fischlein vom Haken und hielt es mir lachend entgegen.
»Kennst du ihn?« fragte er mich, und da beschämt ich verneinte,
Höhnte er nicht, sondern hielt mir vors Auge den Fisch und erklärte
Mir mit zeigenden Fingern und Worten Merkmal um Merkmal,
Trübgrüne Farbe des dunkelen Rückens und bläuliche Streifen,
Hellen fettschimmernden Bauch und die harten, stachlichten Flossen,
Barsch hieß der Fisch, so erfuhr ich, man nannt ihn auch Krätzer.
Barsch war trotz reichlicher Gräten ein leckerer Fisch, wenn auch längst nicht
Ebenbürtig dem Saibling und gar der edlen Forelle.
Da nun gebrochen das Eis der Fremdheit, so faßt ich ein Herz mir,

Lobte den Fisch ihm und pries bewundernd sein Können als Angler.
Freundlich darauf, mit dem Lächeln, das später an ihm mir so lieb ward,
Zeigte er mir seine Schnur, seinen Haken, und zog aus zerrißner
Jackentasche ein Ding hervor, ein blechernes Döschen,
Drin er den Köder verwahrte, die schlaff sich windenden Würmer.

So begann mein Verkehr mit dem Lahmen, und wurde in jenem
Sommer zu enger Gemeinschaft, denn unter Knaben wächst diese
Leicht aus Bewunderung, aber Bewunderung spendet ein Knabe
Willig und ohne zu sparen, sobald ihm ein wirkliches Können,
Eine Vollendung in Kunst oder Fertigkeit irgend begegnet.
Mir begegnete sie, dem schüchtern beginnenden Fischer,
In der erstaunlichen Kunst des Älteren, Fische zu fangen.
Freilich die Anglerei, die wir beiden gemeinsam betrieben,

War urweltlich, barbarisch und primitv wie von Wilden.
Wir entbehrten nicht nur des Gerätes, da war weder Rute
Noch auch Fischgarn, Glasschnur und Schwimmer, von künstlichen Fliegen
Hatten wir niemals vernommen, das einzige Instrument, das
Fertig im Laden wir kauften, waren die Haken,
Kleine stählerne Angeln, zwei Pfennig das Stück, und die größern
Kosteten drei — schon sie waren Fortschritt und Luxus, verglichen
Mit dem gefeilten Nagel, der rohgebogenen Nadel,
Die ich anfänglich verwendet. Es fehlte uns, sagt ich, nicht Garn nur,
Künstliche Rute und all dies nützliche Werkzeug,
Nein, es fehlte auch Lehre gänzlich und Vorbild. Mochten vor Zeiten
Andere in unsern Gewässern gefischt und vielleicht die Regeln des Fischens
Sportgerecht ausgeübt haben — wir konnten's nicht wissen.
Wir begannen, Knaben, als wäre die Welt erst gestern erschaffen.

Hier standen wir, auf der Brücke, am Ufer, am Rechen der Mühle,
Und dort unten im Feuchten, im Dunkeln hausten die Fische,
Welchen nachzustellen ein eingeborener Jagdtrieb
Uns geheimnisvoll zwang. Denn der Mensch, solang ihn der Geist nicht
Wandelnd erzieht, ist gierig, ist Raubtier und Jäger; und spät erst,
Da ich schon größer wurde, begann das Fangen, das Quälen
Und das Töten der Fische mir weh zu tun im Gewissen.

So denn nun, zwei Urmenschen mit primitivem Gelüsten,
Primitiven Mitteln betrieben wir Knaben den Fischfang,
Und da war es denn jener, der Lahme, der führte und lehrte,
Ohnehin älter als ich, und rätselhaft alt durch sein Leiden,
Das von den Menschen ihn trennte und ihren bevorzugten Freuden.
Nun aber war außerdem diesem lahmen Knaben vom Blut her

Sinn und Spürkraft verliehen für Flüsse und Bäche und alle
Ihre kühlen Bewohner, die silbernen Fische, die plumpen
Kroppen, die zähen Krebse. Er kannte sie alle und wußte
Ihre verborgenen Orte, ihr Leben und Brauchtum, und wußte
Mit allereinfachsten Mitteln zu locken sie und überlisten.
Manchmal erinnr ich mich, stand ich mit meinem kindlichen Fischzeug
Irgendwo dort an der Nagold und hing meine Schnur ins Gewässer,
Er aber, wenn er dazu kam, schüttelte lächelnd den Kopf und
Sagte allwissend: »Du bist um gute zwei Stunden zu früh da,
Komm gegen Abend zurück, dann gibt es hier Barben und Barsche.«
Oder: »Es nützt dir nichts, an dieser Stelle mit Käse
Oder mit Brot zu ködern, nimm Fliegen!« Und siehe, sein Rat war
Jedesmal gut. Und er konnte ein andres Mal sagen: »Da stehst du,
Immer die Schnur in der Hand und immerzu fischst du und fischest!

Aber man muß nicht bloß fischen, man muß auch schlendern und schauen,
Muß das Aug und die Nase spazieren führen. Dort drunten
Nah bei der Insel, ich wette, stehn jetzt im Seegras verborgen
Rotaugen mehr als genug, die Mäuler gegen die Strömung.
Fangen kannst du sie nicht, es ist nicht die Stunde, doch schauen
Wollen wir sie.« Und ich haspelte denn meine Schnüre zusammen,
Ging mit ihm, und wir schlichen am Ufer abwärts, und plötzlich
Blieb er stehn wie gebannt, ins Wasser starrend, dann blitzt' er
Mich aus halbgeschlossenem Auge so an und hob sachte den Finger,
Meine Blicke zu lenken, und siehe, auch mir ward das Auge geöffnet:
Dunkel im bräunlich-goldenen, leise wogenden Seegras
Standen die schmalen Rücken der Fische. Die Strömung war kräftig,
Regungslos aber verharrten die Tiere der Strömung entgegen
Fast unmerklich die Flossen rührend, dem Seegras verschwistert,

Und nur selten etwa geschah es einmal, daß ein Fisch sich
Weich im Flusse zu drehen anhob und daß statt des schmalen und dunkeln
Rückens die breite silberne Flanke schwach leuchtete und auch
Uns das Auge, das kupferfarbne, anblickte und schleunig
Wieder verschwand. O da sah oft in kurzen Sekunden das wilde
Rätsel der Kreatur uns an, und erlosch, und wir standen
Tief aufgeregt, aber starr und schweigend, bis Alltag und Straße
Wieder den alten Singsang sangen und wir uns ernüchtert,
Ja verlegen mit künstlichem Lachen und Räuspern zurück zum
Rätsellosen und Oftgesehenen wandten. Ich lernte
Vieles und Schönes damals vom Kameraden, dem Lahmen.
War mir in vielem, in allem voraus der andre, so war er's
In der Geduld doch besonders. Die edle Tugend, mir war sie
Nicht gegeben, ich habe um sie zeitlebens gemüht mich

Und in Jahrzehnten nur und nur stümperhaft so viel erworben,
Als es zur Not bedarf. Und als Knabe war ich besonders
Ungeduldig im Kleinen, Alltäglichen, ging mit den Sachen,
Ging mit dem An- und Ausziehn, dem Schnüren der Schuhe, dem Werkzeug
Wenig liebevoll um. Statt dessen hatte mein Freund nun
Ein Paar hagere Hände mit dünnen, fast spinnigen Fingern,
Die ich oft fleißig und emsig, doch niemals hastend gesehen,
Freundlich faßten sie zu und liebevoll. Knoten zu schürzen
Oder zu lösen fiel ihnen leicht, und wenn es passierte,
Daß uns einmal das Fischgarn sich durch ein Unglück verwirrte,
Griffen die allzu dünnen, doch sicheren Finger behutsam
In den schrecklichen Knäuel, vor dem ich beinah schon verzweifelt,
Rückten, legten und schoben und lockerten sachte die Knoten,
Welches zumal bei frisch aus dem Wasser gezogenen Schnüren

Gar nicht so leicht ist, und bald war alles reinlich geschlichtet.
Dieser Meister nun war's der Geduld und der Knoten, der freundlich
Unermüdlich mich unterwies. Er lehrte mich vierfach
Schwarzes Nähgarn in halber Armeslänge ans Ende
Meiner Angelschnur knüpfen und an das Garn dann die Angel,
Lehrte gerissene Schnüre mich flicken, und wirklich, ich lernt es,
Ich, den bislang die Magd wie die Mutter vergeblich bemüht war,
Etwas Ordnung zu lehren in Schrank und Wäsche. Ich lernt es,
Weil das Endziel der Mühe, der Fischfang, mir wichtig und lieb war,
Aber nicht minder auch, weil der Lehrer meine Bewunderung,
Ja, und auch meine Liebe besaß. Aber dennoch war es nicht Freundschaft,
Was uns zwei Knaben sommerlang innig verband. Wir waren nicht Freunde.
Nicht ein einzig Mal sah ich ihn bei mir im Haus meines Vaters,
Spielte unsere Spiele mit ihm oder zeigt ihm den Garten,

Zeigt ihm den Saal und die Bibliothek. Und ebenso bin ich
Niemals bei ihm zu Besuch oder Gast gewesen, ich wußte
Zwar den Hof, wo er wohnte, doch kannt ich das Haus und die Tür nicht.
Seine Welt war nicht meine, es ward nicht von Vater und Mutter,
Nicht von Schule und Spielkameraden gesprochen, ja selbst nicht
Seines Gebrechens geschah Erwähnung; nur einmal
Ließ er mich sehn die »Maschine«, den Bau aus Eisen und Leder,
Der ihm das Bein einschnürte, mir den Mechanismus erklärend.
Auch von andren Dingen, die mir oder ihm wohl zuzeiten
Herz und Seele mochten bewegen, sprachen wir selten,
Und wenn es einmal geschah, so war ich staunender Hörer,
Denn er redete ganz wie Erwachsene, sicher und alle
Diskussionen im Keime erstickend. So sprach er mir einmal
Kühl und ein wenig zynisch vom Tode. Da »strecke« man sich und sei fertig,

Und es folge nichts nach, denn das, was die Pfaffen erzählten,
Nehme ein Mann und Wissender ernst nicht, es sei nur Geschwatze.
Mir blieb die Antwort aus, ich war ja kein Mann, war ein Kind noch,
Das den Eltern vertraut und dem lieben Gott. Sein Bekenntnis
Dünkte mir männlich und kam aus Gebieten der Seele, in die ich
Kaum einen Schritt noch getan. Wir waren also nicht Freunde,
Waren unendlich weit voneinander. Und dennoch verband uns
Ein Geheimnis und Zauber zwei Sommer lang fest, Kameraden
Sind wir gewesen und einig in einem Triebe und Streben,
Einem einzigen nur, doch es band uns lange und innig.

Wunderlich war dieses Knaben Erwachsensein: Das Gesicht schien
Alt, ja zuweilen fast greise, und war doch unfertig und heimlich
Voll noch von Kindheit, die Züge klein und die Haut zwar

Bleich und etwas gefaltet, doch jugendlich zart. Jenes Fremde,
Greise und Gnomische lag in den Augen allein und dem Munde,
In der reifen Stille des Blicks und der bitteren Herbe des Mundes.
Hager und spitz war das Kinn und scharf die Kiefer gewinkelt,
Alles Knochenwerk schien vom Fleisch nur lose bekleidet,
In der Stirn von Braue zu Brau' eine Falte gezogen
Und zwei tiefre zu beiden Seiten vom Winkel des Mundes
Schräg nach unten: ein Antlitz: bedeutend gezeichnet
So von Geist wie von Leide, darunter dürftig die schiefe,
Etwas verwachsne Gestalt mit zu hohen Schultern, getragen
Von dem verkümmerten Beinwerk mit Hilfe von Stock und
»Maschine«.
So erscheint er mir manchmal, mein Fischkamerad, den ich später
Ganz unmerklich verlor, noch ehe der Tod ihn, noch Knabe,

Wegnahm. Er zeigt sich am liebsten an schwülen Tagen im Sommer,
Wenn das Ufer stark riecht und aus Wasser und Seegras zuweilen
Blasen steigen und platzen, auch manchmal über den Spiegel
Wie in suchender Qual ein kleinerer Fisch sich ans Licht schnellt
Oder ein größerer schwer mit aufblinkendem Schwanze emporschnalzt.
Trage ich Schuld, daß wir damals, zwei Fremde, uns einzig
Unterm kühlen Zeichen der Fische begegneten, daß keine Freundschaft
Uns geglückt ist? Hätt ich, dein dankbarer Lehrling, trotz allem
Dich herüberlocken und zwingen sollen in meine
Welt, oder dich in die deine hinüberverfolgen,
In die modrigen Höfe, die finstern ärmlichen Häuser,
Wo auch du, Einsamer, doch eine Heimat hattest? Du hast mich
Niemals darum gebeten. Warst du schon damals so wissend,
Daß du den Abgrund kanntest, dem unsre Verbindung entblühte,

Der sie wieder verschlang? Ich denke mir gerne, du seiest
Heimlich ein Fisch- und Zwergen- und Wasserkönig gewesen,
Unter die Menschen verirrt, und hoffe, daß du zurückfandst
In die kühlen Schauer und Kostbarkeiten der Tiefe,
Heim in die Welt aus Silber und Feuchte und goldenem Dunkel,
Wo von der Strömung gekämmt das lange Flußgras dahinwallt.

## Nachwort von Gunter Böhmer

*Montagnola, im August 1975*

*Stunden im Garten – 1975? Zur Beantwortung einer so schiefen, vielleicht spöttischen oder mißtrauischen Frage zunächst einige Feststellungen: diese tessiner Gartenstunden ereigneten sich »in natura« von 1931 bis 1962, von Hesses Umzug aus der Casa Camuzzi ins »neue Haus« also, bis zu seinem Lebensende. Die Dichtung entstand 1935, unter den lastenden Schatten eines gespenstisch eindunkelnden Welthimmels, entstand als gleichnishafter Geburtstagswunsch für eine der beiden in Deutschland lebenden Schwestern und bedeutete wohl auch ein Atemholen im Gestaltungsprozeß des »Glasperlenspiels«. Eine Antwort müßte also vielschichtig sein, müßte das Zeitenthobene und Zeitbeständige ebenso beleuchten wie das Zeitbedingte, müßte letztlich die Polarität von Stoff und Form, Materie und Geist,*

*Vergänglichkeit und Dauer berühren, es sei denn, unversehens erwache im Fragesteller wieder das Staunen und die Bereitschaft, sich dem Zauber und Spiel der künstlerischen Verwandlung »naiv« und unreflektiert hinzugeben, das immer nahe Suchen und Ahnen der Einheit über allen Gegensätzen auch und gerade hier, an dieser scheinbar so unscheinbaren »Idylle« mitzuerleben. Hesse selbst berichtet in einem Brief: »Dieses Unkrautjäten füllt meine Tage aus, soweit sie nicht Regentage sind. Es hat für mich bei dem jetzigen Schlechtbefinden den Vorteil, ein dauerndes Opium zu sein, dem man sich immer wieder für halbe und ganze Tage überlassen kann. Dabei ist es vollkommen rein von materiellen Antrieben und Spekulationen, denn die ganze Gartenarbeit von ungezählten Hunderten von Stunden bringt im Ganzen kaum drei, vier Körbchen Gemüse ein. Dafür hat die Arbeit etwas Religiöses: man kniet am Boden und vollzieht das Rupfen wie man einen Kult celebriert, nur des Kultes wegen, der sich ewig erneuert, denn wenn drei, vier Beete sauber sind, ist das erste schon wieder grün.«*
*Sollte nun ein Leser außerdem noch meine Zeichnungen in seine Befragung*

*einbeziehen, so sei hier versucht, den graphischen Marginalien ein paar schriftliche anzufügen. Ich war – um eine Wendung Hesses zu gebrauchen – sein »Gartenbruder« von 1933 (meiner Übersiedlung in die Casa Camuzzi) bis in die sechziger Jahre (dem Beginn meiner Stuttgarter Akademietätigkeit). In diesen Zeiten stand nicht nur meine Staffelei oft zwischen Hesses Rebstöcken, lagen nicht nur meine Skizzenbücher neben seinen Gärtnergeräten: vor allem schleppten wir gemeinsam Gießkannen und Mistkübel, schaufelten einen Gartenweg aus, spielten zwischendurch zur Erholung eine Partie Boccia, feierten mit nachbarlichen Freunden die arbeitsfrohen Vendemmia-Feste, sammelten jederzeit Laub für die kultischen Feuer, schwiegen, sprachen, lachten miteinander. Kaum war ich – meist am frühen Nachmittag und meist mit einem Sack voller »Probleme« – aufgetaucht, so verkündete mir Hesse ohne Umschweife seine täglich wechselnden und präzisen Gartenarbeitspläne – niemals jedoch, ohne vorher scherzhaft–listig ein Gelächter anzuzetteln. Dieser keineswegs ironisierenden Auflockerung meiner stummen und dennoch gehörten Fragenkomplexe folgten nach einer geheimen Spielregel meist später – im Laufe*

*unserer Hantierungen, unaufgefordert und wie nebenbei, halb im Zwiegespräch, halb monologisierend – seine stets teilnahmeoffenen, fast immer heiteren oder erheiternden Antworten.*
*Denn Hesse war nicht nur in der Kunst des Gedankenlesens ein »Spielmeister«, er war es auch in der Musik des Lachens. Die höchst differenzierte Stufung seiner rhythmischen und klanglichen Lachfigurationen reichte von einem fast unhörbar sirrenden Pianissimo bis zum tiefsten, in langsam pausierenden Stößen modulierten Bass-Solo, er konnte schalkhaft glucksend, jugendlich hell, knabenhaft verlegen, harmlos fröhlich, spontan befreit, ironisch kichernd, charmierend weich oder mit herzlicher Tonfülle lachen, und nicht allein die Augen, selbst seine Hände, Arme und Beine ließ er mitlachen. Nur eines konnte er nicht: auslachen, und nie lachte er unecht, gezwungen oder ohne Überzeugung. Verletzte nur im allergeringsten eine scheinbar witzige Bemerkung, Geste oder Handlung sein überwaches kritisches Zartgefühl, so blieb er abweisend ernst und brachte sofort mit versteinerter Miene eine eben noch unter allzu simpel losgelassenen Lachsalven sich biegende Tischgesellschaft zum erschrocken*

*hüstelnden Verstummen. Und wenn auch die Skala seines Gelächters mit den
Jahren unmerklich verhaltener, abseitiger wurde, sich in ein immer innigeres,
wissenderes, hintergründigeres und leise schmerzlich umschattetes Lächeln
auflöste, – er blieb das Medium ferner, magischer Heiterkeiten auch in seiner
Spätzeit.
Wie heiß und flackernd aber, wie glühend und farbig, wie weitgespannt waren
trotz allem damals noch – und erscheinen mir heute erst recht – jene bilderprallen
Gartensommertage! Dieser Gefühlschronologie entsprach unsere ziemlich
anachronistische »Ausstattung«, die ich auch jetzt mit der gleichen Intensität
vor mir sehe und an mir spüre. Während allerdings Hesses Strohhüte im Laufe
der Gezeiten in riesige, traumkahnhafte Gebilde ausuferten, verkümmerte
bei den meinen die Krempe zu einer Minimalbreite, auf der gerade noch eine
Heuschrecke Platz finden konnte (die sich einmal zu Hesses Entzücken auf
diesem Balkönchen die Via Appia hin- und zurücktransportieren ließ). Auch trug
Hesse meist sonderbar klobige, altmodisch und umständlich zu verschnürende
Stiefel-Ungetüme, ich hingegen offene Sandalen, die dafür meine Zehen dem*

*spitzigen Kieselgestein aussetzten. Absolut gleich waren unsere zwar stabilen, leider aber häßlich senfgrünfarbenen, von einer montagnolesischen Schneiderin aus einem Stück »nach Maß« gefertigten, unförmigen und höchst unpraktisch zu besteigenden Gärtnermonturen, dennoch unverwechselbar durch einen »einschneidenden« Unterschied: Hesse pflegte erstaunlicherweise des öfteren seine Hosenbeine, vielleicht befürchteter Ameisen oder anschwellender Schlammfluten wegen, unmittelbar über den Fußknöcheln mit Schnüren zuzubinden, so daß der dadurch entstandene, abstehende, sich wellenförmig kräuselnde Saum in mir das unabweisbare Bild einer Cirkusreiterin auslöste, deren Röckchen einige Etagen zu tief gerutscht war. Diese etwas despektierliche Assoziation wurde belustigend plastisch vor allem bei abziehenden Gewittern! Trieb uns ein tessinisch, d. h. unvorhersehbar plötzlich niederbrausender Wolkenbruch oder Hagelschlag von der Gartenarbeit weg im Galopp zurück ins Haus, so bangten wir nun vor der literarischen Kulisse der Bibliothekswände um Blumen- und Rebenschicksale, was leicht zu durchaus unliterarischen Zornesblitzen des Dichtergärtners führen konnte, bis – wiederum ganz plötzlich –*

*das erdig duftende, feuchtkühl aufatmende Rebterrassengelände bei der ersten Sonnenstrahlfanfare, vor noch bleischwarzem Himmel, in blendigem Silbergrün aufglänzte: dann nämlich begann H. H. mit triumphierendem Lächeln, zungeschnalzend und armeschwingend, durch seine Nagelschuhe und den rutschbahnglatt polierten Parkettfußboden gleichermaßen animiert, wie ein Derwisch zu tanzen, indem er die Beine abwechselnd rechtwinklig in die Luft warf, wobei jene koketten Hosenvolants die Komik der Szene zwerchfellerschütternd steigerten.*
*Mit diesem barocken Hosenornament suchte ich übrigens damals eine Zeitlang viele meiner Hesse-Zeichnungen zu »würzen«, was allerdings für Hesse der einzige »künstlerische« Anlaß war, über den er sich je ernstlich, wenn auch in larmoyant-spaßiger Form beklagte, obwohl er ansonsten meine ebenso hanebüchenen wie albernen graphischen Metamorphosen (etwa seiner Nase in einen riesigen Vogelschnabel und ähnliche Geschmacklosigkeiten) mit arglosem Auflachen konstatierte. Um die schwebenden Schattierungen seiner Kritik wahrzunehmen, die sich im allgemeinen in bezug auf bildkünstlerische Dinge –*

*trotz seiner jederzeit präsenten Urteilsschärfe – möglichst nur in Zustimmung oder Schweigen zu äußern beliebte und sich im freundschaftlichen Umgang oft überhaupt nur hinter mimisch oder akustisch verwischten Andeutungen verbarg, dazu bedurfte es ohnehin einer besonderen Hellhörigkeit, ebenso aber einer beherrschten Widerspruchs- und Widerstandskraft, die er voraussetzte oder – wie ich es erlebte – geduldig-ungeduldig wachrief, ja in verfahrenen Situationen aufzuckend aggressiv provozierte.*

*Es war ein jahrelanger, sich immer wieder spannender und lösender Prozeß, wir »diskutierten« eigentlich ziemlich selten, eher stand das »gärtnerische« Thema des Pflanzens, Wachsens, Reifens, Blühens, Welkens als Gleichnis künstlerischer, literarischer, politischer, religiöser Bewegungen im Zentrum der Gespräche, deren Kern freilich ein Anliegen bildete, das uns beide bezwang und verband, über das Hesse rückblickend meditierte, während es mich, den jungen Maler, erfüllte und vorwärtstrieb, und das im »Kurgast« am klarsten in Worte gefaßt ist: »Ich möchte einen Ausdruck finden für die Zweiheit, ... wo beständig Melodie und Gegenmelodie gleichzeitig sichtbar*

*wären, wo jeder Buntheit die Einheit, jedem Scherz der Ernst beständig zur Seite steht. Denn einzig darin besteht für mich das Leben, im Fluktuieren zwischen zwei Polen, im Hin und Her zwischen den beiden Grundpfeilern der Welt.«*
*Unerwartet konnte Hesse gleichwohl seinen Unmut darüber entladen, daß er bei der Glasperlenspiel-Arbeit immer alles »im Kopfe« vor sich haben müsse, während ich stets »alles« in Bild und Zeichnung vor Augen hätte. Oder er setzte mir eindringlich die mühevolle Erzielung eines einzigen Wortes oder Satzzeichens auseinander, hob aber kopfschüttelnd die Augenbrauen, wenn ich daraufhin meinerseits über die Entscheidungsqualen bei einem einzigen Pinsel- oder Zeichenfederstrich zu stöhnen begann. Es geschah jedoch auch schon damals manchmal, daß er meine Bilder und Zeichnungen wohl auf den ersten Blick hin fröhlich goutierte und alle etwa sich ankündigende formale oder thematische künstlerische Problematik wegscherzte, wenn nicht resigniert abwehrte, plötzlich aber doch eine ihm vielleicht fremde oder gar unbequeme, jedoch sichtbar werdende und gestaltsuchende Gegenkraft erkannte und sie*

*gerade deshalb mit ebenso plötzlichem, strengstem Ernst anerkannte:
der Steppenwolf witterte. Niemals aber machte er mir bei meinen Illustrationen
irgendwelche einengenden oder bestimmenden Vorschläge oder Vorschriften,
im Gegenteil wirkte seine junggebliebene, unersättliche Bilderneugier immerzu
produktiv. Akzeptierte er einen Illustrator – und er lehnte die meisten, selbst
manche namhaften ab –, so war ein wesentlicher Gleichklang vergewissert
und es galt nur noch das ritterliche Vertrauensgesetz restloser gegenseitiger
Freiheit.
Lediglich auf der Illustration der »Stunden im Garten« lag von Beginn
an eine eigentümliche Beleuchtung. Das Unterfangen schien mit einer delikaten
und heiklen Nervosität aufgeladen. Meine erste Folge von Zeichnungen und
Aquarellen zu diesem Buch entstand 1948 und wurde nicht nur zu einer
verlegerischen Odyssee, die – auch auf Hesses Wunsch – in einer (inzwischen
längst unauffindbar gewordenen) Ausgabe der Büchergilde Gutenberg, Zürich,
ihren Abschluß fand. Eine private Konstellation war es außerdem, die gewisse
Verwicklungen auslöste und die zweifellos weniger mit meiner Hosenbein-*

*ornamentik, um so mehr aber mit dem »illustrativen« Erscheinen von Hesses Person selbst zusammenhing. Denn sogar Hesse hatte – und das ist mir heute aus eigener Erfahrung eine Art Trost – ein verwunderliches, keineswegs leicht erklärliches oder durchschaubares, wenn auch ungewöhnlich unbefangenes Verhältnis zu seinem Bildnis, sobald er ihm in Malereien, Zeichnungen, Photographien oder Reproduktionen begegnete. Was meine H. H.-Porträts betraf, so sah er sich offensichtlich in den frühen, eher »milden«, und in den etwas späteren, unbewußt humorvollen Darstellungen restlos »getroffen«, er bejahte und verbreitete sie. Ich konnte und kann es nicht ungeschehen machen. Als aber meine bildnerischen Unternehmungen, Fragestellungen, Wagnisse immer mehr auch in die Suggestion einer psychologischen Erfassung von Gesichtslineaturen gerieten, wobei gerade die seinen mich besonders in diesen dämonischen Jahren manchmal plötzlich wie offene Wunden erschreckten, mich deshalb zu verletzten Ausdrucksformen zwangen – da erblickte er darin eine Heroisierung seiner Person, obwohl es das genaue Gegenteil war oder zumindest sein sollte. Eine begreifliche Beeinflussung durch seine nächste*

*Umgebung mochte hineinspielen – die »Gartenbuchsache« geriet jedenfalls unfehlbar zu einer kleinen, holprigen commedia dell'arte, mit mancherlei, um Ecken herum behutsam geflüsterten Besorgnis-Andeutungen –, was mich so manche weniger harmlose »Hessezeichnung« schließlich in den Papierkorb feuern ließ. Am Ende gelang es dann doch, gewisse Allergien zu berücksichtigen, ohne meinem Freiheitsbedürfnis untreu zu werden; zudem begann sofort eine weite, freundliche Reaktion auf »unser« Buch – und alles war vergessen.
Und heute, da ich zum zweiten Mal dem kleinen Werke Zeichnungen beigebe? Ach, heute gibt es hierbei keine spaßhaft-privaten Irritierungen mehr für mich. Bedingungslos meinen Gesetzlichkeiten und Begrenzungen gehorchend, gebannt nach Innen blickend, sehe ich, mit Pinsel und Feder in der Hand, die »Gartenjahre« samt all ihren zahllosen, pulsierenden Erinnerungsbildern mit einer Art heiterer Wehmut in mir vorüberziehen. Für den »Lahmen Knaben« kramte ich sogar einige 1933 an Ort und Stelle notierten Calwer Studien hervor, die einst Hesses besonderes Interesse fanden. Die Problematik des Illustrierens aber ist für mich zwar in mancher Hinsicht*

*transparenter und relativer, in anderer dafür eher dunkler geworden, auch wenn mir Hesse einst – freilich gänzlich verfehlt – Dorés (vermeintliche) Sorglosigkeit nebst einer guten Bouteille empfahl, oder wenn er mich zuweilen mit dem Zuruf »Böhmer! Briefzeichnungen!« in puncto illustrativer Kalamitäten dazu animieren wollte, alles wie in meinen illustrierten Briefen »einfach so hinzuschreiben«. Oder wenn er meine selbstkritischen Zweifel zu besänftigen suchte und mich einmal eilig aufsuchte, um meine Meinung zu hören über Kubins soeben eingetroffenes einziges Illustratiönchen zum »Lahmen Knaben«, über das wir gemeinsam freudestrahlend lachten, ich vor allem deshalb, weil dieses Blättchen »nur« ein echter Kubin war, von einem Künstler stammte, der uns beiden viel bedeutete. Eh bien, ich werde mich den Fragen des Illustrierens – neben manchen ganz anders beunruhigenden Fragen – auch weiterhin stellen, wobei mir mahnend ein Brief vor Augen kommt, in dem Hesse von den vier Tagen spricht, in denen die Gartenidylle entstanden sei, und mir gerade heute, am 28. August, Goethes Maxime einfällt: »Es ließe sich alles trefflich schlichten, könnte man die Sachen zweimal verrichten.« Wehe dem, der Goethes oder Hesses oder wessen Zitate auch immer wörtlich nimmt! Denn was für Goethe zwei, für Hesse vier heißt, das bedeutet für uns andere mindestens zwei- oder vierhundert. So habe ich denn aus meinen tatsächlich weit mehr als vierhundert Entwürfen die hier abgebildeten Fassungen ausgewählt, als imaginäre »Briefzeichnungen« – mehr soll, mehr darf es nicht sein –, und fand als vorweggenommene Antwort Hesses damalige Widmungszeilen:*

> *Ist's auch nicht mehr Überschwang,*
> *Tönt auch herbstlich schon der Reigen,*
> *Dennoch wollen wir nicht schweigen:*
> *Spät erklingt, was früh erklang.*
>
> *Dem Freund G Boehmer*
> *am 2. Juli 34.*

*H. Hesse*

Ist's auch nicht mehr Überschwang,
Tönt auch herbstlich schon der Reigen,
dennoch wollen wir nicht schweigen:
Zeit verklingt, doch Freude klang.

"

Dem Freund H. Bodmer
am 2. Juli 34.

H. Hesse

12. Auflage 2017
»Stunden im Garten«, »Zwei Idyllen« © Suhrkamp Verlag Frankfurt am Main 1952
Illustrationen und Nachwort © Suhrkamp Verlag Frankfurt am Main 1976
Insel Verlag Frankfurt am Main. Alle Rechte vorbehalten, insbesondere das der Übersetzung, des öffentlichen Vortrags sowie der Übertragung durch Rundfunk und Fernsehen, auch einzelner Teile. Kein Teil des Werkes darf in irgendeiner Form (durch Fotografie, Mikrofilm oder andere Verfahren) ohne schriftliche Genehmigung des Verlages reproduziert oder unter Verwendung elektronischer Systeme verarbeitet, vervielfältigt oder verbreitet werden. Gedruckt auf holzfreies, alterungsbeständiges mattgestrichenes Papier der Firma Papier Union, Hamburg, von der Memminger MedienCentrum AG. Gebunden in Fadenheftung von der Josef Spinner Großbuchbinderei GmbH, Ottersweier. Printed in Germany. Erste Auflage 1976.
ISBN 978-3-458-08999-5